VENTE
DES VENDREDI 24 ET SAMEDI 25 MAI 1895

Hôtel Drouot, Salles n°s 9 et 10

A DEUX HEURES UN QUART

BEAUX MOBILIERS

des époques Louis XIV, Louis XV et Louis XVI

TAPISSERIES

OBJETS D'ART

TABLEAUX ANCIENS

DES DIVERSES ÉCOLES

Provenant du Château de J...

Me GEORGES DUCHESNE, COMMISSAIRE-PRISEUR
6, Rue de Hanovre, 6

M. A. BLOCHE
Expert
28, rue de Châteaudun, 28

M. HENRI HARO
Peintre-Expert
14, rue Visconti, 14

EXPOSITION PUBLIQUE
Le Mercredi 22 Mai 1895, de 2 h. à 6 h.

IMPRIMERIE ARTISTIQUE

E. MÉNARD & Cie

Bureaux et Ateliers: Paris — 8, Rue Milton

CATALOGUE

DE

Tableaux Anciens

des diverses Écoles

BEAUX MOBILIERS

Plusieurs Salons, Sièges de formes variées couverts en tapisserie
en damas et foncées de canne
Consoles, Commodes, Secrétaires, Bureaux en bois sculpté et doré
ou bois de luxe ornés de bronzes

DES ÉPOQUES LOUIS XIV, LOUIS XV & LOUIS XVI

OBJETS D'ART

Suites de 19 Tapisseries

A PERSONNAGES ET VERDURES

Provenant du Château de J...

DONT LA VENTE AURA LIEU

HOTEL DROUOT, SALLES Nos 9 ET 10

Les Vendredi 24 et Samedi 25 Mai 1895

A 2 HEURES 1/4

COMMISSAIRE-PRISEUR : **Me G. DUCHESNE**

6, Rue de Hanovre, 6

ASSISTÉ

Pour les Meubles et Objets d'Art :	Pour les Tableaux :
DE	DE
M. A. BLOCHE	**M. Henri HARO**
Expert	*Peintre-Expert*
28, rue Châteaudun, 28	14, rue Visconti ; 20, rue Bonaparte

Chez lesquels on trouve le présent Catalogue

EXPOSITION PUBLIQUE

Le Mercredi 22 Mai 1895, de 2 heures à 6 heures

CONDITIONS DE LA VENTE

La vente sera faite *expressément* au comptant.

Les acquéreurs payeront en sus des adjudications *cinq pour cent*.

L'exposition mettant le public à même de se rendre compte de l'état des objets, il ne sera admis aucune réclamation une fois l'adjudication prononcée.

Paris. — Imp. E. Ménard & Cⁱᵉ, 8, rue Milton.

TABLEAUX

ALLORI, dit LE BRONZINO

(?)

1 — *Portrait d'homme.*

B. H. 0ᵐ47. L. 0ᵐ38.

BOSCH (Van. — École de)

2 — *Le christianisme dissipe les erreurs **du** paganisme.*

B. H. 0ᵐ34. L. 0ᵐ26.

CHARLET

3 — *Grenadier emportant un drapeau autri-chien.*

Signé à droite.

T. H. 0^m65. L. 0^m54.

GADDI (Taddeo. — École de)

4 — *Le Calvaire.*

Forme cintrée du haut.

B. H. 0^m79. L. 0^m48.

HERRERA LE VIEUX (Attribué à)

5 — *La Vierge et l'Enfant Jésus entourés de Saint Charles Borromée, Saint Antoine, Sainte Anne et Saint Jean.*

T. H. 0^m97. L. 1^m22.

JOUVENET

6 — *Le Christ couronné d'épines.*

T. H. 1ᵐo3 L. oᵐ8o.

LEBARBIER

7 — *La séduction.*

Signé à droite.

T. H. oᵐ38. L. oᵐ28.

MAAS (Nicolas)
(?)

8 — *Portrait de Ferdinand II, empereur romain.*

En haut à gauche, on lit cette inscription :

FER : II. ROM : IMP.

1. 6. 3. 5.

T. H. oᵐ73. L. oᵐ56.

MATSYS (Quentin. — École de)

9 — *Pieta.*

Le Christ mort est soutenu par Saint Jean. La Vierge, les mains croisées sur sa poitrine, pleure son fils, pendant que la Madeleine embrasse ses plaies. Derrière, Joseph portant un vase de parfums. Fond de paysage sur la gauche.

B. H. 1^{m}35. L. 0^{m}95.

MIGNARD

(?)

10 — *Portrait de dame de qualité. Époque Louis XIII.*

T. H. 0^{m}55. L. 0^{m}47.

MOREELSE

11 — *Portrait de dame de qualite.*

B. H. 0^{m}65. L. 0^{m}5o.

NATTIER (Attribué à)

12 — *Portrait de Louise-Henriette de Bourbon Conti, duchesse d'Orléans.*

T. H. 0^m46. L. 0^m37.

PÉPIN

13 — *La pêche; paysage marine avec ruines.*

B. H. 0^m17. L. 0^m21.

14 — *Pendant du précédent.*

B. H. 0^m17. L. 0^m21.

POUSSIN (Nicolas. — Attribué à)

15 — *Saint-Paul monte au ciel soutenu par des anges.*

B. H. 0^m47. L. 0^m36.

RUBENS (École de)

16 — *Sainte Famille.*

B. H. 0^{m}48. L. 0^{m}60.

VENNE (Adrien Van der. — Attribué à)

17 — *La tentation de Saint-Antoine.*

B. H. 0^{m}33. L. 0^{m}42.

VIGÉE-LEBRUN (Attribué à)

18 — *L'enfance de Bacchus.*

T. H. 0^{m}55. L. 0^{m}45.

ZUCCHERO (Fréd.)

19 — *La mise au tombeau.*

Cuivre H. 0^{m}23. L. 0^{m}18.

ÉCOLE ALLEMANDE

20 — *Portrait de Charles de Lorraine,* mort
en 1780, père de l'Empereur François Ier
d'Allemagne.

Il est représenté de face en costume de
feld-maréchal avec la toison d'or ; de la main
droite il tient le bâton de commandement,
la main gauche est appuyée sur la poignée
de son sabre.

T. H. 1^m07. L. 0.89.

ÉCOLE ESPAGNOLE

21 — *Les gueux.*

T. H. 1^m14. L. 1^m58.

ÉCOLE FLAMANDE

22 — *Combat dans les Flandres.*

T. H. 0^m97. L. 1^m29.

ÉCOLE FLAMANDE

23 — *Portrait présumé de Marie Stuart.*

B. H. 0^{m}69. L. 0^{m}55.

ÉCOLE FRANÇAISE

24 — *Portrait d'un cardinal.* Époque Louis XIV.

Fome ovale.

Cadre en bois sculpté.

T. H. 0^{m}80. L. 0^{m}64.

ÉCOLE FRANÇAISE

25 — *Portrait de dame de qualité* (XVIe siècle).

C. H. 0^{m}32. L. 0^{m}23.

ÉCOLE FRANÇAISE

26 — *Les laveuses.*

B. H. 0^{m}31. L. 0^{m}45.

ÉCOLE FRANÇAISE

27 — *L'Ile Barbe, sur la Saône.*

T. H. 0^{m}28. L. 0^{m}41.

ÉCOLE HOLLANDAISE

28 — *Portrait de Gustave-Adolphe, roi de Suède.*

T. H. 0^{m}94. L. 0^{m}70.

ÉCOLE HOLLANDAISE

29 — *Portrait de dame en costume de veuve.*

T. H. 0^{m}71. L. 0^{m}58.

ÉCOLE ITALIENNE

30 — *Hercule.*

Forme cintrée du haut.

T. H. 1^{m}50. L. 1^{m}02.

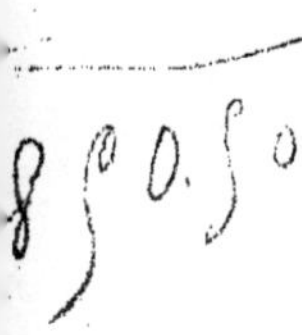

ÉCOLE ITALIENNE

31 — *La Sainte-Famille*.

T. H. 1^m47. L. 1^m07.

ÉCOLE ITALIENNE

32 — *Les Hébreux se désaltérant après le frappement du rocher*.

B. H. 0^m79. L. 0^m60.

ÉCOLE ITALIENNE

33 — *Portrait présumé du pape Jules II*.
Forme ovale.

B. H. 0^m63. L. 0^m47.

MEUBLES DE SALONS

SIÈGES

34 — Joli meuble de salon, composé d'un canapé
et six fauteuils en bois sculpté et laqué blanc
relevé de bleu par parties, couverts d'anciennes
tapisseries de l'époque Louis XVI offrant aux
dossiers des scènes champêtres à petits per-
sonnages encadrées de draperies roses fran-
gées d'or et enguirlandées de fleurs, contre
fond bleu pâle.

35 — Très bel ameublement de salon en bois
sculpté, dessin à coquilles, ornements et enroulements de l'époque de Louis XIV, composé d'un canapé et sept fauteuils.

36 — Douze jolis fauteuils en bois sculpté à rocailles fleuronnées, foncés de cannes. Époque
Louis XV.

37 — Grand canapé en tapisserie d'Aubusson
du temps de Louis XVI représentant des allé-
gories aux fables de Lafontaine, des bouquets
et des guirlandes de fleurs. Bois moderne,
palissandre sculpté.

38 — Grand canapé à gondoles en noyer, pieds
et consoles cannelés du temps de Louis XVI,
couvert en soierie ancienne, fond bleu à fes-
tons et bouquets blanc.

39 — Trois grands fauteuils, bois finement
sculpté à coquilles et enroulements avec croi-
sillons, couverts de tapisserie au point fond
rouge, dessin brun à grands ramages. Époque
Louis XIV.

40 — Grand fauteuil de même forme, bois finement sculpté à coquilles et enroulements avec
croisillon, couvert en tapisserie au point dessin à grands ramages en bleu clair et foncé
sur fond blanc. Époque Louis XIV.

41 — Quatre fauteuils en bois sculpté à rocailles fleuronnées, époque Louis XV, couverts en imitation de tapisserie au point à ramages polychromes.

42 — Belle chaise longue en deux parties, bois sculpté à contours, bouquet de roses, feuillages et chutes du temps de Louis XV, couverte en étoffe à dessins griffons ailés, gerbes entrelacées en bleu ton sur ton.

43 — Trois chaises du temps de Louis XV, bois sculpté dans le même goût, couvertes même étoffe.

44 — Six fauteuils, noyer sculpté, dessin à rosaces et à contours. Epoque Louis XV, couverts en étoffe fond rouge, dessin polychrome.

45 — Deux grands fauteuils bois sculpté à contours, dessin : jeté de fleurs. Epoque Louis XV, couverts en damas de soie groseille.

46 — Quatre chaises en noyer, modèle à mou-
lures contournées. Epoque Louis XV, couvertes
en tapisserie à grands ramages polychromes,
genre au point.

47 — Six fauteuils noyer sculpté et cannelé du
temps de Louis XVI, couverts d'ancienne
tapisserie au point, fond blanc à gerbes fleuries enrubannées.

48 — Quatre fauteuils en noyer sculpté à contours. Epoque Louis XV, couverts en imitation de tapisserie à ramages polychromes.

49 — Deux fauteuils en noyer Louis XVI, couverts en satin cerise.

50 — Grande bergère en noyer, pieds cannelés
du temps de Louis XVI, couverte en perse
blanche à dessin rose.

51 — Cinq grands fauteuils en noyer, époque
Louis XIII, couverts en velours rouge et en
brocatelle.

52 — Trois fauteuils et quatre chaises, bois tors dossiers carrés et surbaissés, Louis XIII.

53 — Deux tabourets en noyer tourné Louis XIII.

54 — Six fauteuils bois sculpté à contours, dessin à bouquets de roses. Époque Louis XV, couverts d'ancienne tapisserie au point, fond blanc à semis de fleurs.

55 — Deux fauteuils et quatre chaises en noyer à contours, pieds cannelés. Époque Louis XVI, couverts en perse, dessin rose sur fond écru.

56 — Deux grands fauteuils Louis XIII, bras à contours pieds et traverses tors et tournés.

57 — Deux fauteuils forme rustique avec bras et coussins en tapisserie à petits dessins verts et bleus.

58 — Joli petit canapé en bois sculpté et doré Louis XV, dessin à fleurs, rocailles et palmes, foncé de canne dorée.

59 — Grande et belle chaise longue en bois sculpté
et doré à fleurs et rocailles du temps de
Louis XV, couverte en damas de soie rouge.

60-72 — Nombreux sièges : fauteuils et chaises
des XVIIe et XVIIIe siècles, bois sculpté, foncés de
canne ou garnis (sera divisé).

MEUBLES

73 — Grande et belle console en bois sculpté et
doré, riche dessin des plus délicats, partie à
jour, rocailles, coquilles et branchages enlacés,
dessus marbre blanc. Époque Louis XV.

74 — Grande et belle console en bois sculpté et
doré, dessin à coquilles et guirlandes de fleurs
partie à jour, dessus en marbre vert. Époque
Louis XV.

75 — Console en bois sculpté et doré, bandeau à
piécettes enfilées, avec guirlandes de laurier dé-
tachées, dessus de marbre. Époque Louis XVI.

76 — Grande console en bois sculpté et doré, à
rocailles, dessus de marbre. Époque Louis XV.

77 — Console à quatre pieds en bois sculpté, à
rocailles et volutes feuillagées, dessus de
marbre. Époque Louis XV.

78 — Console à deux pieds en bois sculpté, à
rocailles et guirlandes de laurier, dessus de
marbre. Époque Louis XV.

79 — Belle commode de forme ventrue en palissandre, bois rose et marqueterie, garnie de
bronzes, dessus de marbre. Époque Louis XV.

80 — Commode à trois rangées de tiroirs en palissandre et bois rose, garnie de bronzes, dessus de marbre. Époque Louis XVI.

81 — Deux encoignures en laque, décor person-
nages, fleurs et oiseaux à rehauts d'or sur fond
noir. Époque Louis XV.

82 — Grande et belle glace avec cadre en bois
sculpté et doré à fronton, fleurs, rocailles et
chutes de lauriers. Époque Louis XV.

83 — Meuble-cabinet à deux portes en noyer et
marqueterie sur support à pieds tors. Époque
Louis XIII.

84 — Petite commode en bois de palissandre,
ornée de bronzes, dessus de marbre. Époque
Louis XV, signé Fratras.

85 — Petit bureau de dame forme bombée en
marqueterie de bois de luxe, dessin à gerbes
fleuries et oiseaux. Époque Louis XV.

86 — Console en acajou à filets de cuivre, dessus
et entrejambe en marbre blanc. Époque
Louis XVI.

87 — Bureau du temps de Louis XIII en noyer et filets de marqueterie.

88 — Petite table de toilette en bois de violette. époque Louis XV avec poignées et entrées de serrures en bronze et les accessoires de toilette en Saxe.

89 — Commode à trois rangées de tiroirs en bois de palissandre avec cache-serrures en bronze de l'époque Louis XVI, dessus de marbre.

90 — Secrétaire en bois rose et palisssndre, Époque Louis XVI.

91 — Secrétaire en noyer et acajou. Époque Louis XVI.

92-93 — Deux commodes à deux tiroirs avec poignées en bronze. Époque Louis XV.

94 — Bureau à dos d'âne en bois rose et marqueterie garni de bronze, style Louis XV.

95 — Table en noyer, pieds tors, ornée de cuivres. Époque Louis XIII.

96 — Table en noyer et bois noir, dessus de marbre Louis XIII.

97 — Table avec pieds bois tourné Louis XIII.

98 — Commode bois sculpté Louis XV.

99 — Jolie petite encoignure en acajou garnie de bronzes finement ciselés. Dessus et tablette en marbre blanc. Signé J. H. Riesener et marqué de G. G. surmontés de couronne, griffe du château de Saint-Germain.

OBJETS D'ART

100 — Pendule avec son support d'applique en marqueterie de Boule garnie de bronzes. Époque Louis XIV.

101 — Cartel en bronze Louis XVI, cadran signé Gille l'aîné à Paris.

102 — Pendule forme monument en bronze ciselé et doré du premier Empire.

103 — Beau groupe en marbre : La Vierge debout tenant l'Enfant Jésus dans ses bras, xvie siècle, élevé sur gaîne en bois sculpté.

104-125 — Suite de nombreux plats en anciennes faïences de Moustiers, Marseille, Nevers.

126-140 — Objets divers : bronzes anciens et de style, porcelaines montées et non montées, etc.

TAPISSERIES

141-144 — Suite de quatre belles tapisseries, vues de parcs avec pièces d'eau, paysages animés d'oiseaux, de perroquets et de volatiles. Bordures à guirlandes de fleurs et palmes enroulées.

145-152 — Suite de huit tapisseries à scènes historiques avec bordures à colonnes feuillagées, guirlandes de fruits et médaillons à paysages, XVIIᵉ siècle.

153-160 — Suite de sept tapisseries représentant des scènes allégoriques à l'histoire de Renaud et Armide et des pastorales. Bordures à médaillons, paysages, vases et guirlandes de fleurs suspendues à des nœuds de rubans, XVIIᵉ siècle.

161 — Objets omis.